AF224022

ALFRED NAQUET

UN

DISCOURS - PROGRAMME

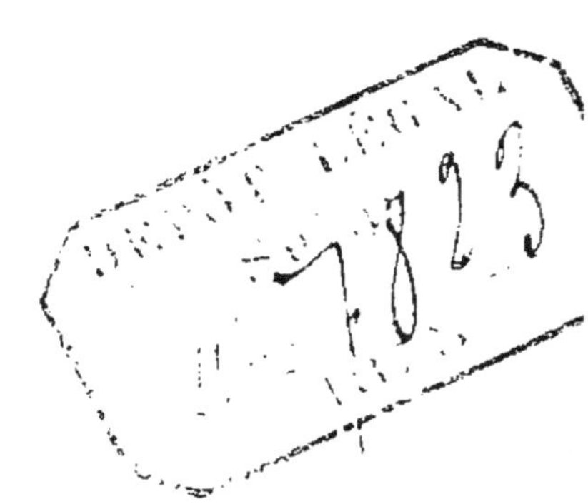

5 CENTIMES

PARIS
LIBRAIRIE DU SUFFRAGE UNIVERSEL
14, RUE HAUTEFEUILLE, 14

1875

On sait la tournée qu'a faite M. Alfred Naquet, membre de l'Assemblée nationale, dans le Sud-Est de la France. M. Alfred Naquet a voté la Constitution du 25 février avec deux Assemblées et un président muni d'attributions beaucoup plus étendues que celles d'un roi constitutionnel. Il avait alors cédé à l'entraînement qui s'était emparé de l'extrême-gauche de l'Assemblée, grâce aux promesses faites par les hommes qui avaient assumé la responsabilité de la conduite de cette affaire : élection des maires; levée de l'état de siége; changement des fonctionnaires hostiles à la République; un ministère qui surpasserait toutes les espérances.

Aucune de ces promesses n'a été réalisée, et le lendemain du 25 février il n'y avait rien de changé en France, sinon qu'il y avait une constitution de plus.

M. Alfred Naquet a tenu à raconter à ses électeurs tous ces incidents et à exposer un programme de politique intransigeante. Nous n'avons pas à apprécier l'utilité de cette campagne; mais personne n'en contestera l'importance.

(Note de l'éditeur.)

DISCOURS-PROGRAMME

CITOYENS,

Ayant voté la Constitution du 25 février et ayant refusé de m'associer par mon vote aux lois organiques ; m'étant mis ainsi en contradiction avec la plus grande partie de mes collègues et, en apparence, avec moi-même, j'ai dû m'expliquer, comme j'avais d'ailleurs continué de le faire tous les ans depuis 1871 ; — d'où ma lettre à mes commettants.

Mal compris par la presse anti-républicaine, et même par une fraction de la presse républicaine j'ai dû répondre ; — d'où mon discours d'Arles.

Voyant, malgré ce discours, ma pensée encore travestie par quelques-uns et insidieusement attaquée par d'autres, j'ai été obligé de me défendre ; — d'où ma dernière lettre à l'*Evénement*.

Aujourd'hui l'incident est clos. Je ne veux, en effet, ni occuper plus longtemps la France de mes actes, ni perpétuer des récriminations inutiles. Inutiles, car la politique ne se fait pas avec des regrets.

Je ne parlerai donc plus du 25 février ; j'ai dit à cet égard ce que j'avais à dire. Je me bornerai à développer et à défendre la ligne de conduite politique que j'ai cru devoir adopter.

On m'oppose que, fondée en principes, cette politique a l'inconvénient de diviser le parti républicain, et que, à ce titre, elle est inopportune.

Je me suis déjà expliqué sur ce point. Je le ferai plus complétement encore aujourd'hui.

La division est loin d'être dans tous les cas une chose nuisible. Bien souvent elle est utile, profitable, nécessaire. Il suffit, pour qu'il en soit ainsi, qu'elle ne franchisse pas certaines limites.

Funeste, lorsqu'elle se produit en face de l'ennemi, devant un terrain à conquérir, elle est féconde, lorsque le terrain une fois conquis, elle sert à nuancer les partis. Elle est alors une condition indispensable du progrès, car le progrès ne s'arrête pas : Lorsqu'on n'avance pas, on recule.

La division, nous la trouvons dans tous les pays libres : en Suisse, comme en Angleterre, en Belgique, comme aux Etats-Unis. Dans ces pays, quand un but est atteint par la coalition de tous ceux qui le poursuivaient, soit comme point d'arrivée, soit comme point de départ, l'armée victorieuse se divise. Le progrès conquis n'en reste pas moins conquis. Il est fixé. La division survenue entre les conquérants ne le remet point en question, car s'il pouvait être remis en question par ceux qui y résistaient naguère, ceux qui se sont ligués pour le conquérir se ligueraient encore pour le défendre.

Seulement, d'accord sur tout ce qui est obtenu, les combattants cessent de l'être sur ce qui reste à obtenir ; le parti se nuance, un nouveau programme se formule, l'Extrême gauche d'hier devient la Gauche de demain et le Centre gauche d'après-demain, de manière que l'humanité marche, marche, sans s'arrêter jamais.

Ce phénomène devient même extrêmement manifeste dans les périodes révolutionnaires, où le mouvement est précipité. Ainsi la Gauche de notre grande Constituante de 1789 est devenue la Droite de la Législative, et à son tour la Gauche de la Législative est devenue la Droite de la Convention.

C'est là une loi fondamentale de la progression des idées ; c'est la condition essentielle de tout progrès. Cette loi ne se supprime que chez les peuples arrêtés dans leur développement, comme la Chine.

Faisons à notre situation l'application de ces principes.

Un but était à atteindre, point d'arrivée pour les modérés, point de départ pour nous : la suppression de l'hérédité monarchique, la République.

Ce but est atteint à cette heure. Je l'ai déjà dit : je préférerais qu'il ne le fût pas encore au lieu de l'être à des conditions aussi dures que celles que les républicains ont subies. Mais enfin il l'est, et sur ce point, il n'y a plus de recul possible.

La République est bien définitive. Elle est définitive parce que nous serions tous là pour la défendre si on l'attaquait ; elle est définitive parce que si l'Assemblée l'a votée, c'est après avoir constaté son impuissance à constituer la monarchie. C'est dans cette impuissance de l'Assemblée et du pays lui-même à faire la monarchie plus que dans tous les articles de constitution, que se trouve notre garantie suprême, garantie à laquelle les lois du 25 février n'ont rien ajouté. Elle ne pourrait périr que devant un coup de force, devant un crime de lèse-nation, et ce coup de force, ce crime, nous ne le craignons pas, étant de ceux qui, en toute circonstance, sont décidés à faire leur devoir.

Mais cette République, pour les uns, c'est le but : avoir supprimé l'hérédité royale leur suffit ; pour nous, c'est le moyen : nous voulons la rendre définitivement démocratique ; nous voulons, appuyés sur elle, arriver aux réformes politiques et économiques qui sont la conséquence de notre évolution sociale.

Voilà pourquoi, sans danger pour ce qui est acquis, nous nous nuançons aujourd'hui en vue de l'avenir.

Un journal que personne n'accusera d'être radical, le *Courrier de France*, reconnaissait en ces termes ce que nous disons là, dans son numéro du 26 août :

« *Mais nous nous empressons d'ajouter que nous ne voyons, quant à nous, aucun inconvénient sérieux à cette scission que MM. Louis Blanc, Madier-Montjau, Naquet et leurs*

*amis semblent vouloir opérer dans le parti ré-
publicain.*

*» Du moment où la République est le gou-
vernement légal du pays, il n'y a aucun inconvénient à ce que les républicains se divi-
sent en conservateurs et en radicaux. Nous
restons très résolûment parmi les premiers;
mais il nous parait très bon qu'il y ait en face
du Centre constitutionnel, du Centre gauche
et de la Gauche, un parti radical.*

Voilà la réponse au reproche de division.

Mais, ajoute-t-on, vous choisissez mal le
moment, la campagne intransigeante est
innoportune.

Elle est absolument opportune, au contraire.

Les masses républicaines qui ont lutté
depuis quatre-vingts ans, qui ont subi
l'exil, la déportation, la mort pour la République ont cru travailler pour autre chose
que ce que nous avons.

Quand elles entendent et voient des hommes qui sont censés à la tête du groupe républicain le plus avancé dire ce qu'ils disent, écrire ce qu'ils écrivent depuis quatre
ans, elles se demandent si ce que nous avons
serait réellement la République ou s'en
rapprocherait. — Elles se trouvent alors
cruellement déçues ; elles se disent que tel
n'était pas le but de tant de dévouements
ni de tant de sacrifices. Il en résultera, si
l'on n'y porte remède que désormais elles
deviendront indifférentes à la chose publique.

Ce découragement, entretenu d'ailleurs

par les moyens que l'administration met
en œuvre, gagne chaque jour du terrain.
Quand viendront les élections générales,
si rien n'est changé, nous nous trouve-
rons placés entre les préfets de M. Buf-
fet et le parti républicain affaissé et la victoire restera infailliblement à nos adversaires.

Sans doute la République survivrait à ce
naufrage. — Elle a son point d'appui sur
un état des partis en France que rien ne
peut modifier. — Mais l'avènement au
pouvoir du parti républicain serait indéfi-
niment retardé.

Or, à cette heure, cet avènement est ce
qui doit nous préoccuper surtout.

Il faut donc viser, avant tout, l'avènement au pouvoir du parti républicain. Et
si l'on veut que cet avènement ait lieu, il
faut, je l'ai déjà dit, créer un courant d'o-
pinion capable de résister à la pression officielle.

Mais, disent les journaux modérés, ce
courant d'opinion, nous y travaillons ; il ne
se passe pas de jour que nous n'attaquions
le ministère.

Cela ne suffit pas.

Il faut encore avoir un programme net,
précis, un programme d'avant-garde ; il
faut prouver aux masses que, en luttant,
elles luttent pour quelque chose de sérieux, et non pour un simple changement
de personnes. Il faut leur enlever cette
idée fausse : « Le but que nous poursui-
vions ne valait pas les efforts que nous fai-
sions pour l'atteindre. » Après l'étape par-

courue, il faut leur montrer les innombra-
bles étapes à parcourir.

Alors on relèvera l'enthousiasme, alors
on vaincra.

« Mais, s'écrie-t-on, si l'on se divise aux
élections, si la division électorale est la
conséquence de la division actuelle, nous
courons à la défaite. »

Entendons-nous.

Il est bien clair que toute lutte politique
aboutit à une lutte électorale, sans quoi
elle manquerait de sanction. Mais, lutte
électorale dans le sein même du parti républicain ne veut pas dire division devant
l'ennemi.

Précisons, et afin que la démonstration
soit plus claire, choisissons un exemple
dans ce département même.

Au moment des élections, vous avez la
sage habitude d'organiser un comité central qui décide du choix des candidats, et
auxquels tous les bons citoyens se soumet-
tent parce qu'il est l'émanation de l'opinion publique.

Or, d'ici aux élections générales, une de
ces deux hypothèses se réalisera forcé-
ment : ou bien la politique que je défends
aura fait assez de progrès pour être en majorité au comité central, ou elle n'aura
pas encore poussé d'assez profondes ra-
cines pour cela.

Si elle n'a pas la majorité au comité
central, mes amis se soumettront sans
murmurer aux décisions de ce comité, se
bornant à continuer de propager leurs
idées, dans l'espoir d'obtenir des résultats

plus conformes à leurs vues dans une élection future.

Si, au contraire, notre politique l'emporte au comité central, ce sera aux modérés de se soumettre ; mais, pas plus dans le second cas que dans le premier, il n'y aura de division.

Veut-on dire que les modérés refuseront de se soumettre aux décisions du comité central ? Une élection récente prouve qu'en effet cela est possible ; mais cette élection prouve en même temps que quand des révoltes semblables contre votre choix souverain se produisent, vous savez les écraser.

D'ailleurs, qu'y a-t-il de si effrayant dans cette division électorale que pourraient faire les modérés, alors que, grâce à la loi Savary, nul ne peut être élu au premier tour de scrutin s'il n'obtient la moitié plus un des suffrages exprimés ? Sous l'empire d'une disposition légale semblable, il n'y a pas d'inconvénient à ce que les diverses nuances républicaines s'affirment au premier tour de scrutin. La multiplicité des candidatures a même pour effet de réduire au minimum les abstentions, et c'est un des bons moyens de combattre la candidature officielle.

Au second tour, tous se rallient à celui qui a eu le plus de voix au premier, parce qu'on se trouve alors en présence de l'ennemi qui remet en question les résultats acquis et que, ces résultats, tous ceux qui ont été unis pour les obtenir demeurent unis pour les conserver.

On se rallie avec d'autant plus de facilité qu'on s'est affirmé, qu'on s'est compté au premier tour et que, minorité aujourd'hui, on espère devenir majorité demain. Enfin, le premier tour de scrutin ayant jeté le désarroi dans les rangs ennemis, la victoire est d'autant plus certaine.

Depuis longtemps l'usage des *spectres* est à la mode en politique. Nos adversaires agitent le *spectre rouge;* chez nous les fractions du parti qui ont la direction du mouvement opposent le *spectre de la division* à ceux qui veulent aller plus loin qu'eux.

Oui, citoyens, la division dont on vous effraye n'est qu'un spectre et il y a eu un temps où ceux-là mêmes qui l'agitent aujourd'hui avaient à s'en défendre contre les chefs de l'opposition de cette époque, qui l'agitaient alors contre eux.

Craignez la division ! disait-on aux Parisiens lorsqu'ils opposaient M. Gambetta à M. Carnot, et lorsque, dans une même circonscription, se produisaient jusqu'à quatre candidatures républicaines : celles de MM. Gent, Hérold, Lavertujon et Emmanuel Arago.

Craignez la division ! vous disait-on à vous-mêmes lorsque, en 1869, vous opposiez les candidatures Esquiros et Gambetta aux candidatures du *Sémaphore :*

Vous avez dédaigné les menaces de division, et vous avez vaincu.

Qu'on ne vienne donc plus nous opposer des arguments sans valeur, dont on a contribué soi-même à prouver l'inanité.

Mais au moins, nous disent nos adversaires, battus sur ce terrain, aurait-on pu attendre la période électorale pour se nuancer, pour produire ces dissidences. Alors c'eût été le moment.

Eh bien, citoyens ! les attaques dont nous sommes l'objet, cette menace de division dont on vous fait peur et à laquelle nous sommes obligés de répondre pour montrer au peuple à quel point elle est vaine, tout cela montre que les 20 jours de la période électorale auraient été insuffisants pour atteindre le but que nous voulons atteindre. Renversant le raisonnement qu'on fait à cette heure, on nous eût dit alors : « Il est trop tard, il fallait produire vos dissidences plus tôt ; » et l'on aurait eu raison, car on ne crée pas un courant d'opinion en 20 jours. Si donc nous avions attendu la période électorale, nous n'aurions pas eu le temps de produire le courant d'opinion nécessaire au triomphe de l'idée républicaine ; et là où l'affaissement populaire n'aurait pas assuré la victoire aux candidats officiels, ce sont les hommes des Gauches actuelles qui auraient été élus avec l'étiquette radicale.

Or, j'estime qu'il faut une véritable *Extrême gauche* à la Chambre future. Cette Extrême gauche, pour qu'elle y soit il faut l'élire, et pour l'élire il faut, sans perdre une seconde, en préparer l'élection.

Voilà pour l'opportunité.

Ajoutons aussi que la présence à la Chambre d'une opposition radicale qui entraîne le pays est nécessaire encore à un autre point de vue.

Le Sénat, s'il est mauvais, ce qui est

malheureusement probable, et s'il ne devait pas céder à la nation, pourrait faire renaître des situations révolutionnaires. Dans ces sortes de situations, les oppositions énergiques sont indispensables à la résistance. Ce n'est point avec des modérés qu'on résiste, car les modérés, personne ne les suit.

On revient à la charge : soit, nous dit-on ; seulement ayez une idée. Ne parlez pas sans cesse du 25 février. Parlez de l'avenir : dites ce que vous espérez, ce que vous voulez.

Ce que nous voulons, il serait trop long et trop difficile de l'exposer complétement dans un discours ; cela nécessiterait des volumes ; mais nous pouvons au moins esquisser quelques traits de notre programme.

Nous voulons demander, au moment voulu, la Révision de la Constitution, afin que la République soit gouvernée par une Assemblée unique, élue pour un temps très court, et révoquant à son gré le chef du pouvoir exécutif.

Nous voulons, comme nos pères de 1793, l'appel direct au peuple pour la sanction des lois constitutionnelles.

Nous voulons une large décentralisation.

Nous voulons : non point seulement la levée de l'état de siége qui remettrait en vigueur les lois de 1868 sur la presse et les réunions ; nous voulons plus que cela : la liberté absolue de la presse et la liberté absolue de réunion.

Nous voulons le droit d'association le plus étendu.

Nous voulons la séparation de l'église et de l'Etat.

Nous voulons l'instruction gratuite, obligatoire et laïque.

Nous voulons le service militaire obligatoire, non plus nominal, mais effectif.

Nous voulons, dans l'ordre économique, le rachat de la Banque, des mines et des chemins de fer, ou tout au moins qu'on ne renouvelle pas les priviléges une fois expirés; parce que, là où le monopole s'impose, il doit bénéficier à tous au lieu d'être pour quelques-uns un moyen de prélever une prébende sur tous; parce que, en ce qui concerne la Banque, cela permettra d'abaisser les tarifs et de faciliter les communications.

Nous voulons qu'au moins en attendant, on abolisse les tarifs spéciaux et qu'on empêche ainsi les compagnies d'être les dispensatrices de la fortune publique.

Nous voulons changer l'assiette de l'impôt : établir l'impôt progressif sur le capital ou le revenu.

Nous voulons que le divorce, établi dans nos lois par la Révolution de 1792 et aboli par la réaction cléricale en 1816, y soit rétabli.

Nous voulons que la femme devienne, sinon au point de vue politique, du moins au point de vue civil, l'égale de l'homme ; qu'elle puisse gérer ses biens, qu'elle puisse tester en justice, qu'elle reçoive, elle qui élève nos enfants, une éducation égale à celle que nous recevons nous-mêmes.

Et ce programme, nous voulons surtout

qu'on ne le mette pas en poche ; nous voulons qu'on le montre, parce que c'est seulement avec un drapeau déployé de progrès et d'avenir que nous pourrions entraîner le pays.

Voilà, citoyens, quel est le but de la politique dite intransigeante. C'est à vous qu'il appartient de la juger. Si vous la trouvez mauvaise, vous la condamnerez. Mais si vous la trouvez bonne, c'est encore à vous qu'il appartient de la répandre, et, en élisant aux prochaines élections, dans votre cité radicale, des députés prêts à la soutenir, de fournir à la future Chambre le noyau qui lui est nécessaire pour que le but que nous nous proposons soit atteint.

Et maintenant, puisque tous ici, radicaux ou modérés, soit comme but, soit comme moyen, nous voulons avec une même énergie la conservation de la République, répétons une dernière fois que nos divisions, ou mieux nos nuances, ne remettent rien en question de ce qui est acquis, que nous sommes décidés à défendre la République contre les entreprises des monarchistes, et que, si elle venait à être menacée, tous, la main dans la main, nous serions prêts aux résolutions viriles !